Carmen Suya

Hechizos

Oráculos de magia cotidiana

Manual

AF214343

EDICIONES OBELISCO

Índice

El oráculo de los hechizos

¿Qué es un hechizo? Seguramente, lo primero que te viene a la cabeza es lo que lanzan las brujas con sus varitas mágicas, y que deja un rastro de purpurina y chispas diminutas, para, tal vez, convertir un libro abierto en una mariposa o dar vida a una tetera para que sirva su propio té y galletas a los invitados. Consideramos que los hechizos son como pequeñas concentraciones de magia: intensa, eficaz, no demasiado compleja -de lo contrario hablaríamos de rituales, no de hechizos- y capaces de hacernos más fácil el día a día, tal vez consiguiendo que dos personas se enamoren para siempre o permitiéndonos conseguir el éxito, la felicidad y la abundancia. Pero todo esto sólo ocurre en los cuentos de hadas. En el mundo real, los hechizos deben ponerse en práctica con conciencia y atención, uniendo el gesto y la intención como en el teatro, donde cada movimiento tiene su propia dirección y subtexto. La intención y la acción suelen ir acompañadas de una palabra mágica, cuya sustancia básica queda contenida dentro del término «encantamiento», el cual deriva de la palabra «cantar», lo que nos hace pensar en la dimensión de la recitación ritual y la oración. Por tanto, un encantamiento o hechizo es algo físico: el gesto, la voz y la intención se funden para dar lugar a una práctica mágica que aporta luz y esplendor a la vida cotidiana. Es posible que los hechizos de nuestro mundo no influyan en los acontecimientos. Aun así, siguen siendo poderosas herramientas que nos permiten concentrar la energía, estimular la imaginación y tener fe en que las cosas saldrán como queremos que salgan. En definitiva, son pequeños actos que realizamos para poner de manifiesto nuestros deseos y aspiraciones.

Los hechizos de esta baraja

Esta baraja de oráculos contiene hechizos creados específicamente para enfrentarnos a la vida cotidiana desde puntos de vista muy diversos y únicos. En las cartas aparecen personas normales realizando actos mágicos, los cuales están divididos según su tipología del siguiente modo:

Hechizos rebeldes

Estos hechizos están destinados a consagrar actos revolucionarios, favorecer la toma de decisiones radicales, o proteger el camino de aquellos que han decidido tomar una dirección obstinada y arriesgada, y desmontar la visión común para adquirir un punto de vista alternativo.

Hechizos de autoestima

Hechizos que promueven el amor hacia nosotros mismos y el cuidado de nuestras necesidades, la capacidad de nutrirnos, echar raíces y centrarnos en nuestra propia esencia.

Hechizos naturales

Hechizos para los compañeros no humanos con los que compartimos la Tierra y que nos recuerdan que no somos los dueños del mundo y que podemos hacer muchas cosas para proteger el planeta.

Hechizos para las pequeñas cosas

Hechizos para aportar algo de magia a las pequeñas cosas de la vida y a nuestros gestos cotidianos, hechizos que nacen de la precisión, la gratitud y la capacidad de hacernos presentes en el momento, en el aquí y el ahora.

Hechizos sensitivos

Hechizos destinados a personas introvertidas y sensitivas a las que les gusta la soledad y encuentran la energía lejos de la sociedad y del ajetreo cotidiano. Entre éstos, se incluyen hechizos para los amantes de los libros, para los que hablan con los gatos o para aquellos que prefieren hablar en voz baja y soñar despiertos.

Puedes coger una carta y seguir las instrucciones que encontrarás en el manual o dejarte inspirar por el hechizo propuesto y encontrar tu propia forma de llevarlo a cabo. Que la magia te acompañe.

Las cartas

Hechizo rebelde rebelde

Busca un lugar tranquilo y enciende una vela roja. El color rojo simboliza la audacia y la determinación. Concéntrate en el calor de la llama e imagina que representa la determinación que arde en tu interior. Acércate la vela al pecho y nota el calor que emana de ella al unirse con tu corazón. Por último, levanta con cuidado la vela hasta colocártela delante de la cara y observa la llama brillar y parpadear. Sé consciente del coraje que se extiende por todo tu ser y te fortalece para la batalla contra cualquier tipo de opresión. El poder del fuego está ahora dentro de ti. Mantén viva esa sensación de poder mientras te preparas para afrontar los desafíos que te presente la vida.

Este hechizo es útil para aumentar el coraje y la determinación, y nos ayuda a obtener fuerzas para enfrentarnos a cualquier tipo de opresión.

Hechizo de visión alternativa

—

Siéntate, cierra los ojos y respira hondo. Concéntrate y libera tu mente de todos los pensamientos restrictivos. Imagina que estás en un lugar amplio y abierto, flotando libremente, sin límites, experimentando con nuevos puntos de vista. Ahora levanta los brazos hacia el cielo para recibir la energía del universo. Visualiza una luz azul que desciende y envuelve tu ser con intuición y sabiduría. A continuación, ponte las manos en la frente para indicar la apertura de tu mente. Imagina un velo de conciencia retirándose para revelar una visión alternativa a la realidad a la que estás habituada. Abre los ojos y deja que la nueva intuición entre en tu vida.

Este hechizo sirve para abrir la mente a nuevas ideas y perspectivas. Además, permite que los que lo lanzan adquieran una visión alternativa a la normativa.

Hechizo de protección delicada

Imagina un círculo de luz blanca, como un huevo dorado brillante, formándose alrededor de tu cuerpo o del cuerpo de la persona a la que deseas proteger, un círculo de luz que sólo deja pasar la energía positiva; si lo prefieres, también puedes visualizarlo como una simple luz que te envuelve y te abraza. Esta luz crea un delicado escudo que te protege de la energía negativa al tiempo que regenera tus energías agotadas, lo que hace que aumente tu resiliencia. Imagina que el círculo queda completamente sellado, creando un espacio sagrado a tu alrededor. El hechizo te envuelve con una luz protectora y regeneradora, dándote toda la fuerza y el apoyo que necesitas. Agradécele al universo la protección que te proporciona.

Este hechizo sirve para proteger a las personas que están sufriendo, regenerar sus energías y aumentar su resiliencia.

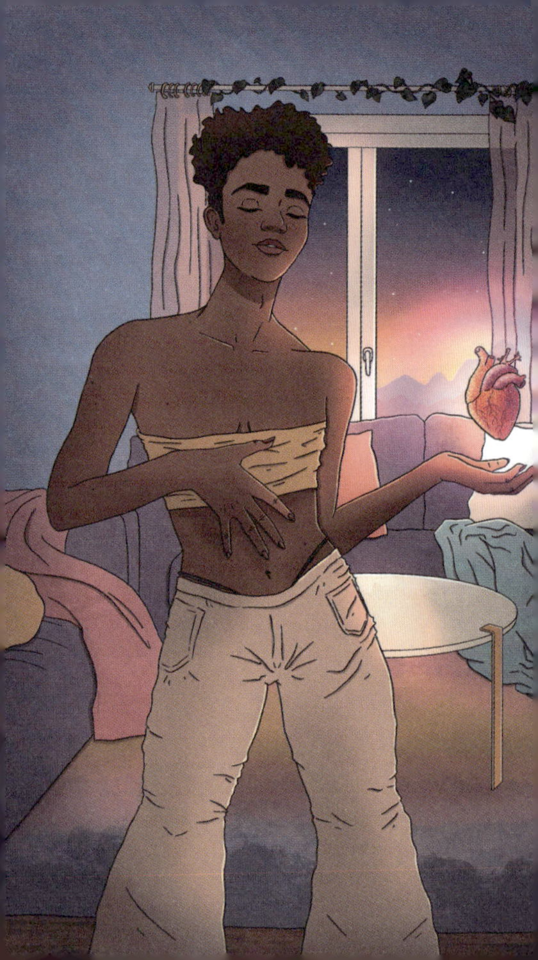

Hechizo para tomar decisiones radicales

—

Coge una hoja de papel y un bolígrafo. Escribe la difícil decisión que debes tomar mientras imaginas una luz dorada iluminándote desde arriba, tanto a ti como a la hoja de papel. Coloca una mano sobre tu corazón, armoniza con el ritmo de sus latidos y transmite fuerza y energía al papel. Ésta es tu resolución. Ahora quema el papel y lanza las cenizas al aire. Has tomado una decisión; las alternativas ya no existen. Dale las gracias al universo por apoyarte en tu decisión y siente cómo el poder del hechizo te envuelve con su amor y su fuerza.

Este hechizo ayuda a la persona que lo lanza a tomar decisiones difíciles o radicales, ya que aporta fuerza y claridad mental para tomar la decisión correcta.

Hechizo revolucionario

Encuentra un lugar público, como una plaza o un muro junto a una carretera, donde puedas lanzar el hechizo. Coge varios trozos de tiza –ya que la tiza se borra fácilmente– y escribe una palabra que tenga un significado especial para ti, un símbolo de tu lucha y de la igualdad de derechos para todos. Escríbela mientras dices en voz alta una frase mágica inspirada en tu acto revolucionario. Podría ser algo como esto: *La palabra de poder que debe perdurar, siempre y cuando mi propósito y mis intenciones sean claros.* No borres el escrito; déjalo como mensaje de rebeldía e igualdad para todo aquel que lo vea.

Este hechizo ayuda a desmantelar los privilegios y las estructuras de poder y a favorecer la igualdad de derechos de todas las personas.

Hechizo de luz subversiva

Elige un lugar tranquilo y lleva contigo un recipiente con purpurina dorada. Pronuncia las palabras del hechizo en voz alta mientras esparces la purpurina delante de ti: *Lucecitas, brillad dondequiera que caigáis, así es como nos inspiráis a todos.* Imagina que la purpurina está hecha de pequeñas estrellas brillantes que aportan luz subversiva y revelan verdades. Coge un poco con la punta de los dedos y frótatela delicadamente en las manos o en la cara como signo mágico de la batalla luminosa. Deja un rastro de purpurina dorada allá donde vayas como símbolo reluciente del cambio. Las grandes transformaciones nacen de pequeños actos.

Este audaz hechizo desafía las creencias establecidas y abre la puerta a nuevas verdades y revelaciones luminosas que inspiran la rebelión contra las limitaciones impuestas por la sociedad.

Hechizo para liberarte

—

Hazte con un trozo de cinta e imagina que representa tus cadenas o las ataduras de las que deseas liberarte. Mientras sostienes la cinta en tus manos, di esto en voz alta para ti: *Con esta cinta que tengo en la mano, corto las cadenas de la opresión y el conformismo. Mi energía es fuerte, mi corazón firme, con este poderoso acto me libero.* Coge unas tijeras y corta la cinta con decisión. Imagina que este acto simboliza que te deshaces de tus cadenas y te liberas de las ataduras. Guarda un trocito de cinta como símbolo de tu rebelión. Deja que el viento se lleve el resto, dispersando por el universo tu deseo de libertad.

Éste es un poderoso hechizo para liberarte de las cadenas del conformismo y la opresión y para reforzar la batalla por tu libertad personal.

Hechizo del sueño rebelde

Busca un objeto pequeño, como una piedra, un cristal o una concha, que represente la valentía y la rebelión. Sostenlo en las manos y cierra los ojos. Concéntrate en tu deseo de tener sueños rebeldes y visionarios. Si quieres, puedes recitar esto: *Que la visión acuda a mí desde el país de los sueños. Cuidaré de ella y viviré en consonancia.* Imagina que el objeto desprende una luz dorada llena de energía y poder mágico. Colócalo bajo la almohada o junto a tu cama, para que haga de talismán en tus sueños. Antes de irte a dormir, tócalo, respira hondo y deja que su energía penetre en ti. Que tengas dulces y revolucionarios sueños.

Este hechizo nos induce a tener sueños valientes y visiones de un mundo mejor, alentando en nosotros el coraje necesario para comprometernos con ideas revolucionarias y hacer realidad las utopías.

Hechizo «somos uno»

—

Elige con esmero imágenes, símbolos y palabras que representen tu visión de un mundo mejor y más justo. Disponlas armoniosamente en una hoja grande de papel o un tablero. Concéntrate en la fuerza que surge al unificar las diversas aspiraciones. Traza líneas para conectar los elementos del *collage* utilizando colores, hilos, telas, cualquier cosa que se le ocurra a tu creatividad. Pega todos los elementos y cuelga el *collage* en un lugar especial, donde pueda inspirarte y te recuerde la importancia de la unidad en tu batalla personal. Cada vez que lo mires, sentirás la fuerza y la determinación de todos aquellos que forman parte del frente común para crear un cambio positivo.

Este hechizo subraya la importancia de la unidad y el esfuerzo colectivo como frente unificado en la batalla por un mundo mejor y más justo.

Hechizo de fuego

Busca un momento de tranquilidad y concéntrate en tus deseos, en aquello que quieres que se exprese en tu vida, en tus capacidades para actuar y en tus talentos. Reflexiona sobre tu fuerza y energía e intenta pensar en todas las formas en las que puedes recargarte, todas las experiencias que te nutren y te hacen sentir en plenitud con tu potencial. Cuando creas que es el momento adecuado, junta las manos para crear una especie de esfera imaginaria. Concéntrate en ella hasta que sientas un calor palpitante entre las palmas de las manos. Sin separarlas, empieza a moverte y a bailar con total libertad. Por último, abre las manos y envía la energía hacia el universo con toda tu fe.

Este hechizo es ideal para concentrarte y expresar tu energía vital y creativa.

Hechizo para residir en mi interior

—

Busca un lugar tranquilo. Mientras imaginas que estás en el centro de un gran reloj, visualiza las manecillas de éste deteniéndose lenta, progresivamente. Si lo deseas, puedes decir esto: *Suspendido en el tiempo, el tiempo se detiene; me presto a mí mismo atención y cuidados, por mi corazón, mi mente y mi espíritu.* Apaga todos los aparatos electrónicos y dedica un tiempo para ti mismo. Elige una actividad regeneradora, medita, lee o da un paseo por la naturaleza. Concéntrate en ti mismo mientras abarcas con amor todo tu ser. Cuando sientas que has recargado la energía, visualiza las manecillas del reloj reanudando su movimiento, pero esta vez más lentamente, como si reflejaran tu calma interior. Al final del hechizo, date las gracias a ti mismo por haber dedicado un valioso tiempo y energía a tu cuidado y bienestar.

Este hechizo es ideal para dedicar algo de tiempo a cuidarnos a nosotros mismos, así como para regenerar la mente, el cuerpo y el espíritu.

Hechizo para comer, rezar y amar

Coge una pieza de fruta madura y deliciosa, símbolo de la nutrición y la dulzura. Di esto en voz alta para ti: *Como, rezo y amo. Cultivo mi propio cuidado. Me relajo y me recargo, y soy libre para ser.* Date un momento de calma y reflexión. Visualízate mientras dedicas algo de tiempo para ti, igual que haces con la fruta que tienes en la mano. Cómetela despacio, saboreando cada bocado, reconociendo la importancia de nutrir tu cuerpo y tu alma. Cuando te la hayas acabado, tómate unos momentos para agradecer el tiempo y la dulce atención que te has dedicado a ti. Si quieres, puedes coger otra fruta y dársela a alguien que quieres después de haberla cargado de amor y alegría. Para ello, sostenla entre las manos e imagina que se llena de luz.

Este hechizo es muy útil para dedicar tiempo a nosotros mismos, darnos ternura, caricias y atenciones, para relajarnos, recargarnos y reforzar nuestra valía.

Hechizo de ortigas

Recoge unas cuantas hojas de ortiga, símbolo de fortaleza y protección. Di estas palabras en voz alta: *Con las hojas de ortiga, despierto mi fuerza, creo un círculo protector y refuerzo mis límites*. Coloca las hojas de ortiga en el suelo y forma un círculo a tu alrededor. Visualiza el círculo llenándose de una luz dorada, como si se convirtiera en una barrera protectora. Estás dentro del círculo y sientes la fuerza y la protección que emanan de las hojas de ortiga. Puedes quedarte dentro del círculo todo el tiempo que quieras. Siente cómo tus límites personales se reafirman y están protegidos. Cuando hayas terminado, sal del círculo y agradécele a la planta su poder y la protección que ofrece.

Este hechizo refuerza tu autoestima, ayuda a decir que no cuando es necesario y protege la energía y la paz interior.

Hechizo para florecer

Visualiza una flor de loto, símbolo del crecimiento y la transformación, y deja que la plenitud de su belleza y gracia te envuelvan. Di estas palabras en voz alta: *En el corazón de la flor, acepto mis límites, satisfago mis necesidades. En el centro de mi ser, el bienestar florece y se expande.* Imagina que la flor de loto, que ahora representa tu crecimiento personal y tu autoaceptación empieza a abrirse lentamente. Sientes cómo aumenta el amor a medida que aceptas ser más natural y vulnerable. Lleva la flor de loto hasta tu corazón y deja que su energía te envuelva y te nutra. Agradécele su sabiduría y las enseñanzas que te deja.

Este hechizo nos ayuda a cultivar el amor hacia nosotros mismos, aceptar nuestros límites y necesidades y situar el bienestar en el centro de nuestras decisiones.

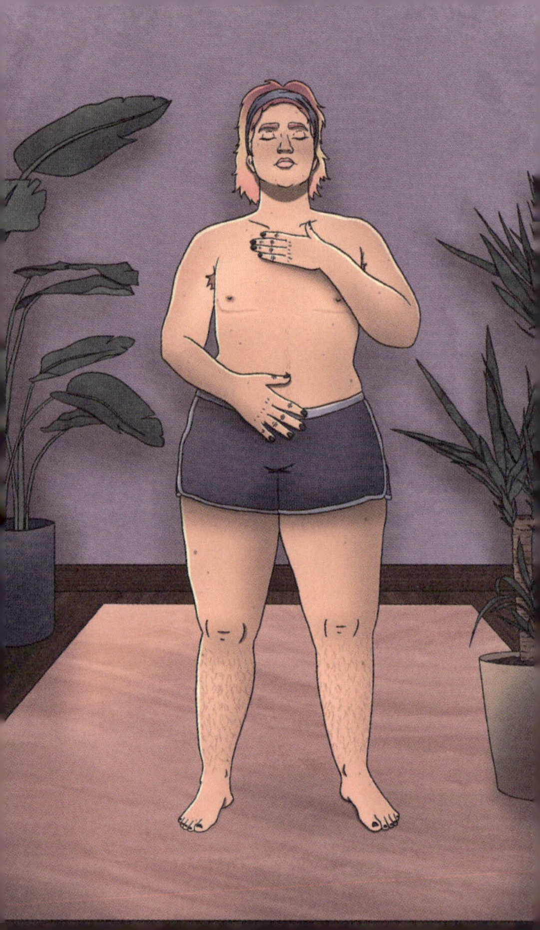

Hechizo de positividad corporal

—

Busca un lugar tranquilo. Siéntate cómodamente, concéntrate en tu respiración y deja ir toda la tensión y las preocupaciones. Coloca una mano sobre tu corazón y otra sobre tu vientre; siente el calor de tus manos sobre tu cuerpo. Imagina que una luz amorosa te envuelve, una luz que refleja tanto tu valentía como tu belleza única. Atrévete a explorar tu cuerpo con ternura y sin prejuicios. Reconoce sus rasgos distintivos y sus curvas, visualiza la energía positiva fluyendo, irradiando gratitud y transformando los pensamientos negativos en pensamientos de amor. Dale las gracias a tu cuerpo por su resiliencia y por todas las experiencias que te ha permitido vivir.

Este hechizo permite celebrar y amar nuestro propio cuerpo, aceptándolo y valorándolo tal y como es, más allá de las normas estéticas impuestas por la sociedad.

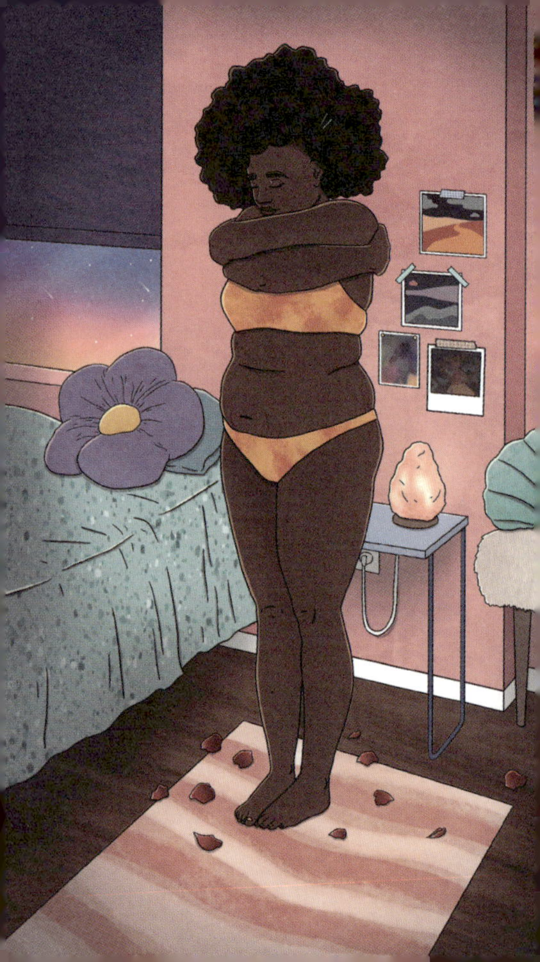

Hechizo para quererse a uno mismo

—

Escoge una rosa, símbolo de la belleza y el amor. Inhala su delicado aroma y deja que te envuelva como un abrazo. Arranca suavemente los pétalos y colócatelos sobre el corazón. Cada pétalo representa un acto de perdón, una forma de volver a empezar y de amarte de forma incondicional. Siente el calor del amor incondicional envolviéndote como un abrazo del universo. Con cada pétalo, libérate del peso de los errores del pasado y abre tu corazón a la belleza de tu autenticidad. Respira hondo y siente cómo tu corazón late con amor, sin límites ni restricciones. Este hechizo te proporciona el poder para amarte y perdonarte.

Este es un hechizo para tratarte con amabilidad y comprensión, para perdonarte errores del pasado y aceptar tu verdadero ser con amor incondicional.

Hechizo del fénix

—

Coge un trozo de papel y escribe todas las cosas de tu pasado que te gustaría dejar atrás, como, por ejemplo, emociones negativas, recuerdos dolorosos o situaciones que no te permiten avanzar. Quema el papel y deja que se consuma del todo en un recipiente ignífugo mientras te concentras en lo que debes dejar atrás porque ya no es útil para tu vida. Usa las cenizas para crear un círculo a tu alrededor. Respira hondo y siente fluir a través de ti el calor de la transformación. Enciende una vela en el centro del círculo. Observa el movimiento de la llama purificadora y deja que se lleve todo lo que has escrito en el papel. Como el ave fénix, renacerás de tus cenizas, más fuerte y reluciente que nunca.

Este hechizo nos ayuda a dejar atrás el pasado y abrazar el presente, a aceptarnos y amarnos a nosotros mismos durante el proceso de crecimiento personal.

Hechizo de afirmación positiva

Busca una posición cómoda, con la espalda recta, y repite estas aseveraciones en voz alta, eligiendo tal vez la que mejor se adapte a ti: *Mi esencia es valiosa y única. Merezco el amor y el respeto tanto de mí mismo como de los demás. Acepto los retos, pues no son más que oportunidades para seguir creciendo. Soy fuerte y puedo superar cualquier obstáculo. Mi valía es innata; no depende de las opiniones de los demás. Me quiero y me acepto completamente. Puedo cumplir mis sueños y aspiraciones.* Con cada una de estas afirmaciones, siente cómo la energía positiva te envuelve y refuerza la conexión con tu auténtica esencia. Repite estas frases regularmente para nutrir el amor y la autoestima.

Mediante este hechizo podrás repetir frases positivas de amor propio y autoestima que te permitirán reforzar la conexión con tu propia esencia y reconocer tu valía.

Hechizo especial de soledad

Busca un espacio donde la naturaleza se manifieste en toda su belleza, tal vez en las proximidades de un río o debajo de un árbol majestuoso, y crea un espacio sagrado sólo para ti. Cuando lo tengas, busca una piedra y cógela con cuidado. Imagina que es un valioso regalo de la naturaleza. Con calma y amor, sostén la piedra en tus manos mientras contemplas todo lo que te rodea: mantén abierto el diálogo con la naturaleza. Observa la piedra y deja que su energía te envuelva y te recuerde tu valía y tu unicidad. Conserva la piedra como recuerdo de este momento especial.

Este hechizo sirve para pasar algo de tiempo contigo mismo, escuchar y respetar tus necesidades y disfrutar de tu presencia sin prejuicios ni distracciones.

Soy poderosa.
Estoy llena de confianza.
Me quiero a mí misma.

Hechizo del espejo

Tómate algo de tiempo para ti: prepara un baño o date una ducha, con tu gel de baño o ducha favorito, enciende unas cuantas velas y deja que el agua se lleve todo el cansancio y el estrés de los últimos días. Cuando te parezca el momento adecuado, ponte delante del espejo y mírate bien. Mírate tal y como eres, sin juzgarte. Observa el color de tus ojos, las pequeñas marcas de tu piel, tu pelo, tus curvas. Encuentra las palabras adecuadas para describir lo hermoso que es todo tu cuerpo, exactamente como es en este momento. Repite la siguiente frase: *Te quiero tal y como eres.*

Este hechizo sirve para proporcionar cuidados y amor, tanto a ti como a tu hermoso cuerpo. Tal y como es en este momento.

Hechizo del alma natural

Encuentra un lugar tranquilo al aire libre donde puedas sentir la conexión con la naturaleza. Respira hondo y concéntrate en el amor y la gratitud hacia todos los seres no humanos y su presencia en tu vida. Camina despacio y observa todo lo que te rodea. Recoge con cuidado flores, hojas, piedras y otros objetos naturales que te inspiren. Empieza a hacer un mandala, comenzando por el centro. Mientras trabajas en él, repite palabras de agradecimiento y amor a la naturaleza y a todos los seres vivos de la Tierra. Cuando hayas terminado el mandala, dedica el tiempo que necesites a contemplarlo con amor y agradecimiento.

Dedicado a todas las criaturas que viven con nosotros en la Tierra, este hechizo sirve para honrar la belleza y la sacralidad de la naturaleza y para darles las gracias a todos los seres vivos.

Hechizo «Lo que el viento se llevó»

En un día ventoso, busca unos molinillos y sal al exterior. Concéntrate en tu respiración y entra en armonía con la naturaleza que te rodea. Levanta los molinillos para ofrecérselos al viento y pídele a éste que te aporte su fuerza y te purifique. Con voz clara, repite estas palabras: *Poderoso viento, con estos molinillos te pido que limpies el aire que respiramos y lo liberes de toda energía negativa y contaminante. Trae nueva energía y bendícenos con tu presencia para proteger la belleza de la Tierra.* Espera a oír la respuesta del viento y la acción de su energía transformadora. Cuando tengas la sensación de que ha entendido tu petición, envíale tu gratitud y amor.

Este hechizo sirve para purificar el aire y pedir al viento que ahuyente la energía negativa y traiga nueva vida y energía al mundo natural.

Hechizo de la Madre Naturaleza

—

Túmbate en el suelo, en el campo, en un claro o sobre la arena. Cierra los ojos, respira hondo y conecta con la Madre Tierra. Con voz suave, dirígele estas palabras: *Madre Tierra, guardiana de la vida, protege la tierra y sus criaturas. Regenera y devuélvele la fuerza a la naturaleza. Gracias por tu generosidad.* Siente tu energía fluyendo a través del suelo y escucha su benéfica respuesta. Dale las gracias y levántate, llevándote contigo esta conexión. Honra siempre a la Madre Tierra y protege su esencia. Que este hechizo guíe el cuidado del planeta y sus criaturas.

Este hechizo protector de la Tierra sirve para cuidar el suelo, el fundamento de la vida en este planeta. Úsalo para pedirle a la Tierra que se regenere, restaure la fuerza de la naturaleza y proteja su bienestar.

Hechizo de Artemisa

Este hechizo requiere un acto concreto: dejar una ofrenda en un refugio de animales o centro de acogida. Elige aquello que sea más necesario, un acto específico de ayuda. Di estas palabras en voz baja: *Artemisa, guardiana de los animales, guíalos y protégelos. Rodéalos de luz, defiéndelos de la caza y el sufrimiento.* Deja la ofrenda para así crear una conexión protectora. Ten presente en todo momento este acto de generosidad y, cada vez que te encuentres con un animal, envíale tu luz y tu protección, aunque sólo sea con tu pensamiento, mientras recuerdas la sensación que tuviste al lanzar el hechizo.

Este hechizo protege a los animales, los cuales a menudo se sienten vulnerables y amenazados por la presencia del ser humano.

Hechizo de las olas

Puedes lanzar este hechizo frente al mar o mientras contemplas una fotografía o un vídeo del mar. Respira hondo tres veces y concéntrate. Levanta las manos y muévelas delante de ti como si fueran las olas del mar. Imagina que tus manos irradian una intensa luz azul. Recita estas palabras: *Poderosas olas, guardianas del abismo, proteged los mares. Cuidad de las criaturas marinas para que puedan prosperar y vivir en paz.* Dale las gracias a la benéfica fuerza del mar y sé consciente de ello en todo momento. Asegúrate de que tus actos cotidianos reflejan el cuidado del medio ambiente que te rodea, especialmente del mar.

Éste es un hechizo protector de los océanos. Pide que el agua sea protegida de toda forma de contaminación y explotación, y que todos los peces, ballenas, delfines y demás criaturas marinas puedan vivir sin estar amenazados.

Hechizo de los guardianes del bosque

Busca una zona verde, un rincón tranquilo, y recoge respetuosamente hojas, flores, ramitas y bayas que te inspiren, pues representarán tanto el bosque como los espíritus que lo pueblan. Eleva el objeto natural que has elegido mientras sientes su vitalidad y su conexión con la Tierra.
Si lo deseas, puedes decir esto: *Antiguos guardianes, guardianes del bosque, de vosotros tomo y a vosotros os restituyo. Os pido que protejáis los árboles, las plantas y las criaturas. Mantened la armonía y la vitalidad de los ecosistemas, y preservad la sacralidad de estos lugares.* Deja en el suelo los objetos que has recogido y agradece la conexión establecida y la oportunidad de contribuir. Finalmente, deja un espacio alrededor de tu creación, para que la naturaleza pueda prosperar y regenerarse.

Este hechizo está dedicado a los espíritus del bosque, para honrar su belleza y sacralidad y pedirles que protejan las plantas y animales que viven en él.

Hechizo de la luz de la Luna

Busca un lugar con una buena vista de la Luna (idealmente durante la Luna llena), respira hondo tres veces y sumérgete en su luz. Siente cómo penetra en ti, iluminándote desde dentro, acariciando tu piel y protegiendo tus sueños. Si quieres, puedes decir estas palabras: *Luna reluciente, guardiana de la oscuridad y de la luz, te pido que bendigas al mundo entero con tu presencia. Que la humanidad entienda que hay un tiempo para todo y que todos estamos conectados a este planeta.* Permanece a la luz de la Luna tanto tiempo como quieras mientras te recarga y te inspira.

Este hechizo te conecta con la luz de la Luna y su delicada energía mágica, recordándote la importancia de vivir cada experiencia en su momento preciso, como hace la Luna con cada una de sus fases.

Hechizo alado

Busca un lugar al aire libre donde puedas sentir el viento y ver el cielo con claridad. Levanta ligeramente los brazos, como si estuvieras desplegando las alas. No pienses en nada. Concentra toda tu atención en el viento que te envuelve. Di estas palabras: *Guardián del aire y del alto cielo, te ruego que protejas y guíes las bestias aladas en su viaje. Que las aves migratorias encuentren un refugio seguro, que sus alas se abran ligeras y que puedan seguir siendo libres. Protege su vuelo.* Imagina que estás desplegando las alas. Siente la conexión que te une a las criaturas que habitan los cielos. Dales las gracias a los espíritus del aire por su protección y su presencia.

Este hechizo está dedicado a todos los seres que habitan los cielos. Úsalo para pedirles a los guardianes del aire que protejan las aves migratorias en su viaje.

Hechizo de la abeja reina

Coge unas cuantas semillas de flores que atraigan a las abejas, como la lavanda, la borraja o la caléndula, y espárcelas por el suelo con movimientos suaves. Pronuncia las siguientes palabras con decisión: *Abejas, amadas guardianas de la naturaleza, que estas semillas crezcan, florezcan y produzcan flores para nutriros y daros la bienvenida con amor. Que tanto vuestra vida como vuestra importante tarea sean valoradas y estén siempre protegidas. Que las flores que crezcan de estas semillas se conviertan en un refugio seguro y alimento abundante. Os doy las gracias.* Mira las semillas que has plantado e imagina las flores que crecerán de ellas. Quédate sentado en silencio durante un rato mientras consolidas la conexión con las abejas y la Tierra.

Este hechizo está dedicado a las abejas, valiosas guardianas de la naturaleza. Utilízalo para pedir protección para sus colonias de amenazas como los pesticidas, los parásitos y el cambio climático.

Hechizo del suelo

Elige una planta que te guste especialmente. Puede ser una que tengas en casa, en el jardín o balcón, o una que abunde en el parque de tu barrio, en el campo o cerca del lugar donde trabajas. Piensa en un deseo que quieras hacer realidad, algo que quieras empezar y que requiera tiempo y dedicación para crecer, como les ocurre a las plantas, y anótalo en un trozo de papel. Pídele a la planta que haga realidad tu deseo: cava un pequeño hoyo cerca de ella, teniendo cuidado con las raíces, y entierra en él el trozo de papel. Cuida la planta y espera a que tu deseo se haga realidad.

Este hechizo nos ayuda a crear una conexión especial con una planta, una conexión que va más allá de los límites habituales entre el mundo humano y el mundo vegetal, y que nos permite establecer un diálogo sutil y delicado.

Hechizo de la hora del té

—

Elige un momento tranquilo en el que puedas dedicarte exclusivamente a preparar el té. Coge tu infusión favorita y observa las hojas, los pétalos y las hierbas que contiene. Pon el agua a hervir y, mientras esperas, relájate y concéntrate en la respiración. Vierte el agua sobre las hojas y observa cómo éstas se expanden y liberan todo su aroma. Cierra los ojos y concéntrate en el calor del té y en cómo se difunde por el interior de la taza. Di esto en voz baja: *Que la magia se revele en este té. Como el agua transforma las hojas, así transformo yo este momento. Comparto con amor esta bebida y esta paz.* Si lo deseas, puedes compartir este momento con un ser querido.

Este hechizo sirve para restaurar la paz y la armonía, además de compartir un momento de tranquilidad con un ser querido.

Hechizo para que todo reluzca

Mezcla agua, vinagre y unas gotitas de aceite esencial en un recipiente. Abre las ventanas para dejar entrar un poco de aire fresco. Imagina una luz purificadora. Sumerge un paño en la mezcla que has preparado mientras dices esto: *Limpio este espacio con amor e intención. Todo brilla con luz y pureza.* Empieza por las zonas más altas y avanza con cuidado mientras visualizas las energías a medida que se transforman. Enjuaga el paño con frecuencia, siente cómo se regeneran las energías. Continúa con el suelo; imagina la energía fluyendo como un río, purificando tu casa. Termina en el centro de la habitación y observa el equilibrio y la armonía que se propagan por toda la casa. Deja que el aire se lleve lo viejo y traiga lo nuevo.

Este hechizo está dedicado a la limpieza de la casa, a purificar y proteger el entorno en el que solemos vivir con un toque de magia.

Hechizo de la bruja verde

Elige una planta o flor que te atraiga. Observa los detalles de sus hojas y pétalos. Respira hondo e imagina que estás absorbiendo su energía vital. Di esto en voz alta: *Me sumerjo en el mundo verde. La naturaleza es mágica, me vuelvo a conectar.* Acaricia con cuidado las hojas y los pétalos, siente la tierra entre tus dedos, la vida fluyendo a través de la planta. Cierra los ojos y escucha los sonidos del jardín: el susurro de las hojas, el canto de los pájaros. Sumérgete en el momento, déjate transportar por la magia de la naturaleza. Puedes continuar hasta que te sientas en equilibrio. Cuando termines, dale las gracias a la planta. Deja que esta experiencia te inspire y que tu vida cotidiana se llene de magia verde.

Este hechizo te anima a tomarte la jardinería como una forma de meditación activa y como una práctica para concentrarte y aceptar la belleza y la vida.

Hechizo del viajero

Para este hechizo, necesitas unas cuantas hojas de artemisa, una planta que ha protegido a los viajeros desde la antigüedad, y un trozo de tela verde o azul, los colores de la tranquilidad y la armonía. Recoge unas cuantas hojas de artemisa durante una noche de Luna creciente o llena; luego colócalos en la tela y dóblala para formar una pequeña bolsa. Finalmente, asegura el extremo del talismán con la ayuda de un hilo natural mientras te concentras en tu intención de viajar con seguridad y serenidad. Visualiza una luz brillante que envuelve la bolsa y le infunde el poder de protegerte. Lleva el talismán siempre encima. Cuando lo toques, recuerda la intención y la energía con las que lo creaste.

Talismán protector para llevar en el coche o en tus trayectos cotidianos en bicicleta, autobús o cualquier otro medio de transporte.

Hechizo de los dulces sueños

—

Elige un cristal con propiedades relajantes nocturnas, como la amatista o la piedra lunar. Llévalo contigo durante el día para cargarlo con tu energía. Por la noche, crea un altar con el cristal y una vela azul o violeta. Siéntate frente al altar, relájate y respira profundamente. Visualízate a ti mismo envuelto en una luz dorada y relajante. Intenta visualizar los sueños que te gustaría tener. Cierra los ojos e imagina que delante de ti suceden cosas agradables. Siente la energía del cristal envolviéndote, protegiendo tus sueños y guiando tus visiones. Apaga la vela y coloca el cristal cerca de la almohada. Relájate y déjate guiar por tus sueños cuando te quedes dormido. Cuando te despiertes al día siguiente, anota tus experiencias.

Este hechizo protege y favorece el sueño, haciendo que tengamos sueños hermosos e inspiradores.

Hechizo de la respiración consciente

—

Siéntate en un lugar tranquilo. Cierra los ojos y concentra toda tu atención en la respiración. Respira hondo, siente la energía vital llenando tu cuerpo. Suelta el aire mientras liberas la tensión y las preocupaciones. Imagina que cada respiración es como un flujo de energía positiva. Cada inspiración te aporta claridad; cada espiración expulsa la negatividad. Puedes contar hasta cuatro durante los dos movimientos, haciendo una pequeña pausa entre ambos. Redescubre la tranquilidad y la serenidad mientras sumerges tu mente en el ritmo natural de la respiración. Deja que esta práctica te guíe hacia el equilibrio interior.

Este hechizo está dedicado a la respiración consciente. Recurre a él cuando necesites restaurar la calma mientras enfocas tu mente en el ritmo natural de la respiración.

Hechizo del desayuno mágico

Coge el desayuno entre las manos e intenta percibir la textura y la energía que emana. Cierra los ojos y respira hondo unas cuantas veces. Visualiza una luz dorada envolviendo el alimento, una brillante fuente de vitalidad. Imagina que cada bocado se convierte dentro de ti en una luz que se acumula formando una reserva de energía positiva para el resto del día. En este momento, puedes decir: *Que este hechizo convierta este desayuno en algo sagrado. Cada bocado es un acto de amor a mí mismo.* Come despacio, disfrutando de todos los sabores. Sé consciente de la energía positiva que estás asimilando y que nutre no sólo tu cuerpo, sino también tu alma. Termina de desayunar y ábrete, con gratitud, a las infinitas posibilidades que tienes hoy por delante.

Éste es un hechizo para transformar el desayuno en un momento mágico y gratificante.

Hechizo para una rutina matutina mágica

—

Por la mañana, abre los brazos hacia el cielo y concéntrate en la energía que te rodea. Inspira profundamente e imagina que la luz del Sol fluye dentro de ti; si está nublado, visualiza la luz dándote la bienvenida cuando despiertas. Ahora puedes decir esto: *Doy la bienvenida al poder mágico de un nuevo día. La alegría y la gratitud fluyen dentro de mí, abriendo la puerta a un nuevo día.* Crea tu propio acto personal de energía positiva: una sonrisa frente al espejo, una breve meditación o un ligero movimiento corporal. Siente la energía mágica que has invocado. Tus siguientes pensamientos y acciones estarán condicionados por esta energía, la cual te ayudará a aprovechar al máximo las oportunidades que se te presenten.

Este hechizo es útil para dar la bienvenida con energía al nuevo día y encontrar el entusiasmo que necesitas para vivir un nuevo día lleno de oportunidades.

Hechizo para detener el tiempo

Cuando te sientas abrumado por el ajetreo y bullicio diarios, cierra los ojos y respira con calma mientras visualizas el aire entrando en tus pulmones, y después espira. Di esto en voz baja o sólo para ti: *En este momento, el tiempo está detenido. Me permito un instante de paz y reflexión.* Observa lo que te rodea: la luz que se filtra por la ventana, el sonido de pasos, los matices de los colores. Hazte presente en el momento. A continuación, elige un objeto para darle un significado mágico (un cristal, una concha o una flor) y sostenlo en tus manos para que absorba la energía. Recita esto: *En esta simple belleza encuentro paz e inspiración.* Abre los ojos y sonríe al mundo que te rodea con un espíritu renovado.

Recurre a este hechizo cuando necesites tomarte un momento para ti mismo, respirar hondo y apreciar la belleza de las pequeñas cosas que te rodean.

Hechizo del pan

Tanto si nunca has hecho pan como si preparas una masa fresca todas las semanas, aquí tienes una nueva forma de hacerlo. Elige una receta sencilla: agua, harina y levadura. Si lo deseas, puedes añadir semillas de girasol, calabaza o sésamo, símbolos de la calidez del Sol. Prepara el pan con conciencia plena: trata de concentrarte en lo que estás haciendo, no hagas dos cosas al mismo tiempo y hazte presente en el aquí y el ahora. Mientras trabajas, transmítele a la masa pensamientos de abundancia, sustento y alegría. Visualiza una luz penetrando en la masa junto con el movimiento de tus manos. Deja que la masa suba y haz una cruz en la parte superior con la punta del cuchillo. Este pan traerá abundancia y prosperidad a quienes lo coman.

Este hechizo ayuda a activar las manos y el corazón, abriéndote a la abundancia, la belleza y el sustento.

Hechizo para soñar despierto

Busca un lugar tranquilo, enciende una vela y repite estas palabras con calma: *En mis sueños, encuentro refugio.* Levanta una mano por encima de la cabeza y, después, colócala en el pecho para proteger este momento especial. Con los ojos entrecerrados, sumérgete en tu espacio privado. Deja que tu mente deambule entre mundos fantásticos y deseos secretos. Este hechizo te guía a través de un viaje de descubrimiento interior en el que podrás explorar tus sueños y fantasías, así como crear tu propio país de las maravillas. Cuando sientas que es el momento de terminar, abre los ojos y apoya las manos en el suelo para volver a anclarte al momento presente. Agradece la experiencia y lleva contigo la magia del momento durante el resto del día.

Este hechizo está dedicado a las personas que sueñan despiertas y a todos aquellos que encuentran inspiración en la imaginación. Ayuda a crear un espacio seguro para explorar los sueños y deseos.

Hechizo para introvertidos

Reúne unas cuantas piedras lisas, una ramita aromática y un pequeño objeto que te guste especialmente. Elige alguno de tus rincones favoritos y ponte cómodo. Cierra los ojos, respira hondo y visualiza una luz dorada envolviéndote. Imagina que estás dentro de un brillante caparazón, en armonía con el entorno. Coloca las piedras a tu alrededor, creando un círculo de energía. Coloca la ramita aromática cerca de ti; representa la esencia de la naturaleza. Coge el objeto especial y sostenlo en las manos mientras te concentras en la intención. Susurra o piensa esto intensamente: *En este lugar de calma, encuentro paz y restauración.* Para terminar el hechizo, dale las gracias a tu espacio mágico. Lleva contigo este sentimiento de paz.

Este hechizo está indicado para las personas que se sienten mejor en un espacio tranquilo, pues ayuda a crear un ambiente relajado en el que regenerarse.

Hechizo para los amantes de los gatos

—

Coloca un cojín mullido donde tu gato suela relajarse. Enciende una vela de un color relajante. Siéntate cerca de tu peludo amigo y respira hondo mientras armonizas con él. Mírale directamente a los ojos, reconoce su sabiduría. Susurra o recítate estas palabras con amor: *Tengo un vínculo especial contigo.* Alarga los brazos hacia él, invitándolo a acercarse. Si tu gato está dispuesto, te permitirá un momento de contacto físico. Visualiza unas hebras doradas conectándote con tu gato y aportándote una tierna energía. Dile con gratitud: *Amado gato, estamos unidos con amor.* Apaga la vela para sellar la energía. Dale las gracias a tu peludo amigo por su magia.

Dedicado a los amantes de los gatos, este hechizo ayuda a crear un vínculo especial con estos animales y apreciar su belleza y sabiduría.

Hechizo susurrante

—

Cierra los ojos, respira hondo y libera la tensión acumulada. Imagina un círculo brillante que te da la bienvenida y, suavemente, empieza a susurrar palabras de cariño, gratitud y amor como si fueran delicados pétalos que se alejan de ti. Visualiza cómo las palabras cobran vida y se convierten en nubes de luz que surcan el cielo, trayendo consigo armonía y serenidad. Cada palabra es un rayo de luz que expande el espacio y el corazón. Siente cómo te acompaña esta energía, brindándote una sensación de calma. A continuación, abre los ojos y lleva esta sensación de paz contigo durante el resto del día.

Este hechizo ayuda a quienes se sienten fuera de lugar en un mundo ruidoso y ajetreado a apreciar la delicadeza de la comunicación mediante la búsqueda de su propia voz y expresando sus propios pensamientos con amabilidad y respeto.

Hechizo para los amantes de los libros

—

Sin prisas, abre un libro al azar y deja que la página se revele a sí misma como si fuera un oráculo personal. Desliza un dedo por encima de las palabras hasta que sientas una conexión y, luego, lee la frase que ha logrado captar tu atención. Esta frase es como un mensaje del universo, un regalo que el libro te ofrece en este instante concreto. Puedes anotarla en un cuaderno especial, recordarla o incluso ponerla en práctica de alguna forma. Recuerda que los libros son portales abiertos a nuevos mundos y nuevas perspectivas. Termina el hechizo con gratitud: cierra el libro y repite la frase en voz baja, como si se tratara de una fórmula mágica.

Para los amantes de la lectura y aquellos que encuentran refugio en los libros, este hechizo ayuda a crear un entorno protegido y mágico en el que sumergirse en la lectura y dejarse transportar por las palabras y las historias.

Hechizo de la dulce mirada

Encuentra un lugar tranquilo donde puedas estar en contacto con la naturaleza o con objetos que tengan algún tipo de significado para ti. Cierra los ojos durante un momento y respira hondo. Cuando vuelvas a abrirlos, centra tu mirada en algo que llame tu atención. No intentes analizar lo que ves, simplemente permite que las formas y los colores emerjan en su totalidad. Mientras observas, di esto mentalmente o en voz alta: *A través de mi dulce mirada, soy capaz de descubrir la belleza oculta en todas partes.* Permanece en este estado de observación durante unos minutos. Mantente receptivo a ver más allá de las apariencias y encontrar la magia en aquellas cosas a las que normalmente no prestamos demasiada atención.

Recurre a este hechizo para hacerte presente en el momento y transformar tu mirada: descubre la poesía oculta en las pequeñas cosas y observa el mundo con nuevos ojos.

Hechizo del nido

Reúne unas cuantas ramas secas, hojas y pequeños guijarros. Dispón las ramitas para formar la base del nido. Visualiza cada rama como si fuera una conexión, un vínculo mágico que te une a la naturaleza. Superpón las hojas para crear una superficie suave y, después, coloca los guijarros en los bordes del nido mientras imaginas que representan la solidez y la estabilidad en tu vida. Cuando hayas terminado, susurra estas palabras: *En mi nido mágico encuentro refugio y estabilidad; aquí lo tengo todo, me siento a salvo.* Siéntate junto a tu nido, obsérvalo con gratitud y amor. Imagina que este pequeño santuario reluce y vibra de energía. Cuando sientas que es el momento adecuado, regresa a casa dejando el nido como regalo a la naturaleza.

Este hechizo crea un refugio mágico y acogedor, donde puedes retirarte y sentirte seguro, para brindar poder y energía a este lugar especial.

Hechizo para disfrutar del silencio

Busca un lugar tranquilo donde puedas sentarte. Cierra los ojos y presta atención a los sonidos distantes, como el viento entre las hojas o el canto de los pájaros en los árboles. Gradualmente, dirige la atención a tu respiración. Inspira profundamente y espira lentamente. Deja que el ritmo de tu respiración te guíe a medida que te relajas cada vez más y más profundamente. Continúa escuchando; concéntrate ahora en los sonidos más próximos, como el tictac de un reloj o el roce de la ropa. A continuación, céntrate en los latidos de tu corazón, el ritmo constante que te conecta con la vida. Permanece en este estado de calma tanto tiempo como quieras. Cuando estés listo, abre los ojos con gratitud por haber creado un espacio de paz dentro de ti.

Un hechizo para los que encuentran paz e inspiración en el silencio y que permite sumergirnos en la soledad y escuchar mientras dejamos fluir nuestros pensamientos y emociones.

Hechizo del crepúsculo

Empieza tu caminata nocturna en algún lugar tranquilo desde el que puedas contemplar el crepúsculo. Mientras caminas, observa cómo la luz del día deja paso a la oscuridad. Observa cómo los colores se mezclan y combinan en estos momentos de transición: es el momento en el que el velo entre el día y la noche es más fino. Centra toda tu atención en tu corazón y deja que se abra a la magia del crepúsculo. Imagina que las sombras traen consigo secretos ancestrales e infinitas posibilidades. Hazte presente en este momento en el que el tiempo se detiene. Cuando estés listo, finaliza tu caminata con gratitud y llévate contigo la belleza del crepúsculo.

Recurre a este hechizo para apreciar la belleza de las sombras y los silencios del crepúsculo y para encontrar refugio en el misterio y la magia de la penumbra.

Hechizo de la crisálida

Cuando te encuentres en un lugar muy ruidoso, con luces brillantes o demasiada gente alrededor y un nivel de estrés elevado, puedes recurrir al hechizo de la crisálida: imagina una cálida esfera de luz envolviéndote y rodeándote completamente. Es un delicado refugio que deja pasar la energía positiva, pero que bloquea la energía agresiva. Imagínala del color que quieras; deja que este escudo se expanda a tu alrededor, como un huevo, y te proteja de las influencias externas. Respira lentamente y empieza a moverte en el espacio protegido que has creado para ti. Si quieres, puedes murmurar las siguientes palabras: *Aquí estoy a salvo.*

Este hechizo te permite encontrar un refugio seguro e inmediato en cualquier situación en la que sientas que el mundo exterior es demasiado ruidoso, luminoso y está demasiado abarrotado.

Carmen Suya nació y creció en Barcelona con un lápiz en la mano, cultivando y experimentando con su pasión por el dibujo hasta convertirla en su profesión. Su objetivo es transmitir autenticidad, normalizar los aspectos más comunes de la vida y derribar los tabúes de la intimidad, especialmente los femeninos. Las ilustraciones de Carmen retratan cuerpos de todos los géneros y formas, aunque todos están caracterizados por sus sencillos gestos. Sus protagonistas viven y son como nosotros, lo que hace que sea mucho más fácil identificarnos y relacionarnos con ellos.

Puede consultar nuestro catálogo en www.edicionesobelisco.com

Colección Cartomancia y Tarot
HECHIZOS. ORÁCULOS DE MAGIA COTIDIANA
Carmen Suya

Título original: *Spells. Oracles por Every Day Magic*
1.ª edición: septiembre de 2024
Traducción: *Daniel Aldea*
Maquetación: *Ana Ticó*
Corrección: *Sara Moreno*
Diseño gráfico: *Bebung*

Colaboradores de la obra original:
Editor: *Balthazar Pagani*
Corrección: *Cecilia Lattari*

Vivida

Vivida® marca registrada propiedad de White Star s.r.l.
www.vividabooks.com

Edita: Ediciones Obelisco, S. L.
Collita, 23-25. Pol. Ind. Molí de la Bastida - 08191 Rubí - Barcelona - España - Tel. 93 309 85 25
E-mail: info@edicionesobelisco.com

ISBN: 978-84-1172-135-6
DL B 3487-2024

Printed in China